कविता कारण दुःख

राजकुमार कुम्भज

लोकभारती प्रकाशन

लोकभारती प्रकाशन
पहली मंजिल, दरबारी बिल्डिंग, महात्मा गाँधी मार्ग
इलाहाबाद-211 001

वेबसाइट : www.lokbharatiprakashan.com
ईमेल : info@lokbharatiprakashan.com

शाखाएँ : 1-बी, नेताजी सुभाष मार्ग, दरियागंज
नयी दिल्ली-110 002
अशोक राजपथ, साइंस कॉलेज के सामने
पटना-800 006 (बिहार)

प्रथम संस्करण : 2018

जे.आर्ट प्रेस
इलाहाबाद द्वारा मुद्रित

KAVITA KAARAN DUKH
by Rajkumar Kumbhaj

ISBN : 978-93-88211-23-9

मूल्य : ₹ 300

बच्चों के लिए
बच्चे जो सपने हैं
और कविता भी

प्रकाशकीय

'अज्ञेय' द्वारा सम्पादित 'चौथा सप्तक' के सर्वाधिक महत्वपूर्ण व रेखांकित समकालीन कवि राजकुमार कुम्भज की निरन्तर सक्रियता कदाचित् विस्मयकारी प्रतीत होती है। इधर एक भरपूर लम्बे अन्तराल के बाद उनके इस नये कविता-संग्रह 'कविता कारण दुःख' की कविताओं में वक्रोति के साथ विरुद्धों का सामंजस्य भी शिद्दत से ज़ाहिर हुआ है।

यह ज़रा भी अन्यथा नहीं है कि उनकी कविताओं का मूल स्वर मनुष्य, मनुष्यता, प्रेम और सत्ता-विरोध ही अधिक है। वे सामाजिक विद्रूपताओं के विपक्ष और आम आदमी की पीड़ा के पक्ष में सदैव ही मुस्तैदी से खड़े दिखाई देते हैं।

उम्मीद की जा सकती है कि कवि का यह नया कविता संग्रह 'कविता कारण दुःख' सुधि पाठकों को कुछ-कुछ अपना-सा लगेगा और कुछ-न-कुछ बेहतर सोच-विचार के लिए प्रेरित व विवश भी करेगा; क्योंकि प्रारम्भिक तौर पर अति-सरलीकृत-सी दिखाई देने वाली इन कविताओं में वैश्विक-राजनीति और वैश्विक-कविता के अक्षांश का सारांश भी सहज ही देखा जा सकता है।

ये कविताएँ हमें और थोड़ा बेहतर बनाती हैं।

क्रमशः

वह चला गया

अपने तमाम उजाले देकर मुझे
वह चला गया जंगल-जंगल अन्धकार
मैंने पुकारा फिर-फिर
तो लौटने की आहटें हैं अपरम्पार
मेरे पास इन्द्रधनुष के रंग नहीं हैं
सिर्फ़ एक पुकार है लौटती हुई
जिसमें कभी नींद, कभी रतजगा
कहने को सबके पास सब का सब-कुछ है
लेकिन, नहीं है बारिश और प्रेम
बारिश में भीगने से डरते हैं सब
प्रेम में भीगने से डरते हैं सब
आहटों में भीगने से डरते हैं सब
लौटती हुई पुकार को बचाने का इरादा है
बाज़ार में जाकर, बाज़ार से डरते हैं सब
मैंने कहा चिड़िया और गिलहरी
तो दृश्य पर उभर आयी गोलियाँ
मैंने कहा घर और दालफ्रॉय तड़का मारकर
तो दृश्य पर उभर आयी गोलियाँ
मैंने कहा मन-वृन्दावन, तन-मथुरा की गलियाँ
तो दृश्य पर उभर आयी गोलियाँ
ज़िंदगी का मक़सद वह नहीं

जो दिखाया जाता है
ज़िंदगी का मक़सद शायद वह और वही है
जो क़ातिलों से छुपाया जाता है
मैं डुबो दूँगा अपनी नाँव बीच मझधार
मगर उसका हासिल क्या?
क्रूरता तब भी बाक़ी है हरदम हरक़दम
मैं भटकता हूँ विचारों के बियाबान में
करते हुए सच या सच के अंश की तलाश
अपने तमाम उजाले देकर मुझे
वह चला गया।

अवाज़ में आवरण

अवाज़ में आवरण कितने
कि परदेसी हो गयी भाषा और हिम्मत
बिदा हुई रोशनी अकस्मात् असमय ही
भला होता हर्ज़ नहीं होता ज़रा भी
भले ही चली जाती परदेसी इलाक़ों में
मेरे घर के कुएं में ग़र नहीं है जल
तो वह पड़ोसी के घर में निकले
मेरे दुश्मन के घर में भी निकले, निकले ही
इसीसे, इसीसे आती है ताक़त बुनियादी
सामने खड़े रहने की, दुश्मन के सामने की
अच्छा ही हुआ जो जल, जलकर हुआ जल
आवाज़ में आवाज़ कितने और किस क़दर
पहचानो, पहचानो, पहचानो।

हँसा रही है मई-जून की दोपहर

हँस रही है मई–जून की दोपहर
जुलाई में भी बरस नहीं रहे हैं बादल
आसाढ़ और सावन की हो गयी ऐसी–तैसी
मौसम विभाग के प्रवक्ता की बज गयी है पुंगी
बाढ़ फिर भी आयेगी कहते हैं ज्योतिषी
बेमानी हो गयी है बिजली के पंखे की हवा
क्योंकि इन दिनों
बिजली भी आती है तो ठुमक–ठुमक कर ही
तमाम– तमाम लड़ाइयाँ
सिर्फ़ अच्छाइयाँ और बुराइयों के बीच ही नहीं हैं
बहुत–कुछ बिखरा है जीवन–भर में
शहनाई सुनता हूँ अच्छा लगता है
लेकिन, वही शहनाई चीरती है कलेजा
मैं डूबता जाता हूँ दलदल में
और द्रुत लय बजती जाती है शहनाई
ऐसे में मैं जीभर–भर का गाना चाहता हूँ
प्रचीन ज़माने का कोई प्रचीन प्रेम–गीत
कैलेण्डर बदलता है, बदलती हैं तारीख़ें
मगर, मौसम नहीं बदलता है
तपिश बढ़ रही है और हार रही हैं हवाएँ
बारिश का कहीं कोई ए टी एम नहीं है
हँस रही है मई–जून की दोपहर, सरकारों की तरह
होता है कभी–कभी ऐसा भी होता है.

गॉड पार्टिकल

असंख्य बूँदें टपकती हैं ख़ुद-ब-ख़ुद
और असंख्य बूँदें टकराती हैं ख़ुद-ब-ख़ुद
लौह अयस्क-सा स्थापित है
'गॉड पार्टिकल'
जिसकी आँखों में टिका है संसार
कामवाली बाईयाँ आती रहेंगी
और जाती भी रहेंगी कुछ इसी तरह
सचमुच वे ही हैं जो झेलती हैं
तमाम तरह के दुःख
और रहती हैं थोड़ा-बहुत ख़ुश भी
वे ही हैं जो जगाती हैं
अलसाये घर को, घर की चीज़ों को,
क़िताबों को, क़िताबों में धँसे आदमी को
क्या सब-की-सब ज़िम्मेदारियों का ज़िम्मेदार
'गॉड पार्टिकल' ?

दादा जी तो रहे नहीं

दादा जी तो रहे नहीं
दादी और दादी के ख़्यालात क़ायम हैं अभी भी
जो अपने अनोखे आभिजात्य ढंग से
अद्वितीय गालियों का तोहफ़ा देती हैं अद्वितीय
किसी ने भी चाहा ही नहीं सोचना
और कि सोचा भी नहीं
कि किस तरह मरती-खटती है दादी
आजकल दो जून रोटी के लिए ?
कि किस तरह भरती है भाड़ा
रिक्शे, मकान और बाज़ार का
ख़र्चा है कि ब्रह्मपुत्र की बाढ़
अपने-पराये में विभाजित होकर
रहती नहीं है बाढ़ और रोशनी
तब भी
दादी और दादी के ख़्यालात क़ायम हैं अभी भी
दादा जी तो रहे नहीं।

बेहतरीन की तलाश में

बाघ, बिच्छू, भेड़िया
शहर में रहे नहीं कभी भी, कहीं भी
फिर कहाँ से सीखा काटना?
सीखा कहाँ से तलवे चाटना?
आबदार आँखें हैं बे-आबदार सपने
जो भी होगा देखा जायेगा कल
बेहतरीन की तलाश में।

और कहाँ तक हम निस्तेज

समुद्र का विस्तार आख़िर कहाँ तक?
समुद्र का विस्तार जानता है सिर्फ़ समुद्र ही
समुद्र ही सुनिश्चित करता है अपना विस्तार
समुद्र ही निगलता जाता है छोटी-छोटी नदियाँ
समुद्र की मार्फ़त ही आते हैं सौदागर
समुद्र की मार्फ़त ही आते हैं हमलावार
समुद्र की मार्फ़त ही आते हैं वार्त्ताकार
अगर समुद्र न होता
तो दुनिया के कई-कई देश गुलाम न होते
समुद्री-डकैत समुद्री-रास्तों से आये
और हमें बना गये विकलांग
समुद्र का इसमें दोष कितना, समुद्र जाने
मगर हमारा अपराध भी तो कुछ कम नहीं
समुद्र का विस्तार आख़िर कहाँ तक?
और कहाँ तक हम निस्तेज?

सोच

आवाज़ इतनी कमज़ोर क्यों
कि काँपते नहीं हैं परदे तक यहाँ
जो टँगे हैं दीवारों पर
प्रश्नों की क्रूरता सामने खड़ी है भैंस जैसे
कितना मचाऊँ शोर कि हटे वह तत्काल
और ख़र्चा उठाये कठिन परिस्थितियों का
आम आदमी की सोच है यह।

सब एकमएक

दरवाज़ा खुला रखना
अर्द्ध-रात्रि का समय हो तब भी
आयेगी, आयेगी कविता आयेगी ज़रूर
जनहित में, त्याग का स्वहित
लोकपथ, जनपथ में भेद नहीं ज़रा भी
सब एकमएक।

एक अकेली स्त्री

एक अकेली स्त्री
तब भी अकेली थी शायद तब भी
तब भी जबकि अकेली नहीं थी वह
वहाँ कोई एक सपना था सुरीला
वहाँ कोई एक सपना था लहरीला
वहाँ कोई एक अपना था स्वप्निला
एक अकेली स्त्री
तब भी अकेली थी शायद तब भी
तब भी, जबकि अकेली नहीं थी
एक अकेली स्त्री।

जित-तित देखता हूँ मैं

जित-तित देखता हूँ मैं
क्या लिखूँ, क्या नहीं लिखूँ?
आँखों पर शर्म के परदे नहीं रहे
बीच-बीच से देखो तो
बिखरा-बिखरा-सा है सब-कुछ
मनुष्यता, नैतिकता, नीति और नीयत तक
जिसमें हार-जीत का फ़ैसला
सिर्फ़ हाँ अथवा नहीं
फिर देखिये, फिर-फिर देखिये
कि कहीं दूर कोई फिर-फिर पछीटता है
सुविधाओं के अम्बार का मैल
एक स्त्री जैसे पछीटती है रात
कपड़ों-सी रगड़ती हुई ख़ुद को कुछ ज़्यादा ही
अन्दर-ही-अन्दर पक रहा है लावा
अन्दर-ही-अन्दर पक रहा है साहस
अन्दर-ही-अन्दर पक रहा है जीवन
एक इन्सान के भीतर क्या-क्या नहीं होता है
उसी के भीतर छुपा होता है लोहा
उसी के भीतर छुपा होता है ताँबा
उसी के भीतर आग और अँगड़ाई
उसी के भीतर संसार की सुन्दरतम तरक़ीबें

जीवन के जश्न जैसी
क्या लिखूँ, क्या नहीं लिखूँ
आँखों पर शर्म के परदे नहीं रहे
जित-तित देखता हूँ मैं।

बचा हुआ है जो भी

भूखा-प्यासा भटक रहा है
जंगल-जंगल अनजाने शत्रु की तालाश में
दासी-आँखों का साफ़-साफ़ मतलब नहीं कोई
बचा हुआ हो जो भी उसमें कुछ क़दम आवारा
और कुछ मेरे आवारा विचार।

जो घर से बेघर है

घर का पता
उससे क्या पूछते हो
जो घर में रहता है
घर का पता उससे पूछो
जो घर से बेघर है
और है घर की तलाश में
घर की तलाश में जो भी है
और जो भी है घर से बेघर
जीवन की तलाश में है
जीवन, जो कि क्षण-भंगुर
तलाश, जो कि क्षण-भंगुर
घर, जो कि क्षण-भंगुर
मुझे अपनाघर नहीं मिला
मुझे अपने घर का पता नहीं मिला
मुझे सिर्फ़ अपनी तलाश का पता मिला
तलाश का पता घर में नहीं था
घर का पता तलाश में था
तलाश घर की या जीवन की
एक ही बात है, फ़र्क़ नहीं ज़रा भी
घर का पता
उससे क्या पूछते हो

जो घर में रहता है
घर का पता उससे पूछो
जो घर से बेघर है
और तलाश में।

मैं ज्वालामुखी हूँ

तमाम लड़ाइयों का सच
अच्छाइयों और बुराइयों के बीच ही
बिखरा-बिखरा-सा धूल-धूसरित है
बेइमानी कर रहा है मौसम
मैं जागना चाहता हूँ बड़ी फ़ज़र
और वो बेवज़ह सुलाता है मुझे
मैं उठाना चाहता हूँ तलवार या बन्दूक
और मौसम मुझे थमा जाता है फूल
फिर-फिर कहता हूँ कि मशीन नहीं हूँ मैं
मेरे अन्दर-ही-अन्दर बहुत होता है
मैं ज्वालामुखी हूँ।

अधबीच

यही होता है, होता है यही
कि दुःख की राह दुःख होती है सुख नहीं
और सुख की राह सुख होती है दुःख नहीं
जिन्होंने देखी नहीं ग़रीबी
जिन्होंने देखी नहीं पेट की आग
जिन्होंने देखी नहीं वीरानी
वो क्या जानेंगे जीवन की कहानी?
वो कैसे जानेंगे जीवन की कहानी?
रास्ते बनाना काम किसका?
रास्ते बनाते हैं कौन?
बने-बनाये रास्तों पर चलता है कौन?
बने-बनाये रास्तों को कोसता है कौन?
यही होता है, होता है यही
कि दुःख की राह दुःख और सुख की सुख
तब, कवि जीवन कहाँ-कहाँ, कहाँ नहीं?
क्या अधबीच?

मैं कवि और ऋषि

मैं कवि और ऋषि
मैं ही बदल सकता हूँ दिशाएं
मैं कवि और ऋषि
मैं ही बदल सकता हूँ दशाएं
मैं कवि और ऋषि
मैं ही बदल सकता हूँ साधन
किन्तु, बदल नहीं सकता हूँ साध्य
और मेरी कविता का कैरेक्टर
क्योंकि वह सिर्फ़ और सिर्फ़
बदल जाने से बेहद नाराज़
पूँजी का खेल है सब
ज़रूरत नहीं थी कि टी.वी. आया
ज़रूरत नहीं थी कि वाशिंग मशीन आयी
ज़रूरत नहीं थी कि ओवन आया
घर में घर के सदस्यों की तरह
मैं कवि और ऋषि
हारता हूँ इन तमाम चीज़ों से
हर हाल हारता हूँ
कल के लिए।

भूलना और याद रखना

भूलना और याद रखना
ख़त्म नहीं हो जाता है लेकिन, एक दिन में
वक़्त लगता है ज़ख़्म भरने में
और जब भी होती है भरपुर बारिश
पुराने सिक्कों की तरह पुराने ज़ख़्म भी
लहलहाने लगते हैं होकर हरे
जो चला गया, वह लौटेगा नहीं
किसी भी दिन का इन्तज़ार व्यर्थ है
जो है नहीं, वह कब होगा पता नहीं
किसी भी दिन का इन्तज़ार व्यर्थ है
और जो नहीं है, उसका अफ़सोस क्यों?
किसी भी दिन का इन्तज़ार व्यर्थ है
जो चला गया एक बार
वह जीवन से चला गया जीवन-भर के लिए
ख़त्म नहीं हो जाता है लेकिन, एक दिन में
भूलना और याद रखना।

खोया कवि ही पायेगा

मेरा कोई घर नहीं था
कवियों का कोई घर नहीं था
कवियों का कोई घर होता भी कहाँ है?
कवियों का कोई घर होना
तालाब के ठहरे जल जैसा होना है
यही तो रोना है
कि कहीं किसी तालाब में
कहीं कोई घर होना है
घर होना, डर होना, मर जाना है
ज़िंदगी एक सुरीला गाना है
इसे जब भी गायेंगे, तब-तब पायेंगे
घर के होने से ज़्यादा ज़रूरी
घर की तलाश होना है
इसी में कवि को खोना है जीवन-भर
खोया कवि ही पायेगा।

ख़ुदा ख़ैर करे

बन्दूक बनानेवाले को
पता नहीं था कि उसने क्यों बन्दूक बनायी
और किसके लिए ?
लेकिन, बन्दूक चलाने वालों को
बेहतर पता है कि उन्होंने क्यों बन्दूक चलायी
और किनके लिए?
बन्दूक बनानेवाला भी मनुष्य था
बन्दूक चलानेवाला भी मनुष्य था
जो मार रहा था वह भी मनुष्य है
जो मर रहा है वह भी मनुष्य है
जो मारा जायेगा, मनुष्य ही होगा वह भी
और जो मारेगा, वह भी मनुष्य ही होगा
ऐसे में सवाल ये उठता है
कि ये कैसे मनुष्यों का कैसा समाज है
जो बन्दूकों से खेलता है?
एक है पहला जो बन्दूक बनाता है
दूसरा है जो बन्दूक चलाता है
तीसरा है जो बन्दूक से मारा जाता है
मैं, न पहले के पक्ष में
मैं, न दूसरे के पक्ष में
मैं, तीसरे का पक्ष हूँ जो मारा जाता है

या कि मारा जायेगा जो
मैं, जानता हूँ उसे जो बन्दूक बनाता है
मैं जानता हूँ उसे भी जो बन्दूक चलाता है
मैं जानता हूँ उसे भी जो बन्दूकों से मारा जाता है
मैं बेहद स्पष्ट हूँ कि मेरा कष्ट क्या है?
आप भी अपने कष्ट को स्पष्ट करें
तो बेहतर होगा
बात सिर्फ़ विचार की नहीं, व्यवहार की भी है
आपको अपना व्यवहार बदलना चाहिए
क्योंकि वही बन्दूकें एक-न-एक दिन
आ सकती हैं आपके सीने तक भी
बंदूकें चलाने वालों को भी जानता हूँ मैं
और बंदूकें बनानेवालों को भी
ख़ुदा ख़ैर करे।

हर किसी दृष्टिकोण से

मैं जानता हूँ उन्हें
जो करते हैं फूलों की खेती
और अपरम्पार
मैं जानता हूँ उन्हें भी
जो करते हैं मगरमच्छों की खेती
और अपरम्पार
फूलों की खेती शायद उनके लिए
जो मगरमच्छों की खेती के विरुद्ध
और मगरमच्छों की खेती उनके लिए
जो फूलों की खेती के पक्षधर
कम से कम यह तो तय है लगभग
कि स्त्रियाँ ही बेलती हैं रोटियाँ गोल-गोल
और बातें भी बनाती हैं तो गोल-गोल
और फिर करती हैं गोल-गोल कितना-कितना?
मैं जानता हूँ उन्हें
जो करते हैं गोल-गोल, गोलमाल
मैं जानता हूँ उन्हें भी
जो करते हैं गोल-गोल, गोल-मोल
मैं जानता हूँ उन्हें भी
जो करते हैं फूलों की खेती
और अपरम्पार

मैं जानता हूँ उन्हें भी
जो जन्म-जात मगरमच्छ
हर किसी दृष्टिकोण से।

भरपूर प्रेम

मैं चट्टानों के पास गया
चट्टानों ने गिर-गिर कर पैदा की रोशनी
चट्टानों के भीतर पाप नहीं पानी था
उन्होंने मुझे उजास से भर दिया
और भरपूर प्रेम किया।

मुश्किलें-ही-मुश्किलें हैं

मुश्किलें–ही–मुश्किलें हैं
चीज़ों की तलाश और तलाशती आँखों में
दायाँ, बायें को तलाशता है
और बायाँ, दायें को
दिमाग़ भिड़ाता है जुगत–दर–जुगत
कि नदियों की तरफ़ जाने से पहले
कुछ छाँव मिले
ताकि ताक़त मिले, बाधाएँ पार करने की
जब एक अकेला आदमी देखता है सपना
वह सपना एक अकेले आदमी का नहीं होता है
वह हो जाता है समूचे समाज का सपना
वह हो जाता है समूचे संसार का सपना
वह हो जाता है समूचे दृश्य का सपना
वर्तमान का सहायक
भविष्य का विधायक
वहाँ मुझे दिखायी नहीं देती हैं आँखें
वहाँ मुझे दिखायी देते हैं गुलदस्ते
जिनमें बँधे हैं भाँति–भाँति हैं फूल
और बँधी हैं जिनमें खुशबुएँ अनन्त
मुश्किलें–ही–मुश्किलें हैं

ज़मीन जोतने और फ़सल काटने में
जोतने और काटने के बीच
एक और इन्तज़ार है पकने-पकाने का
सोचो-तो-सोचो
उस सुदुर अँधेरे के बारे में भी सोचो
जो एक-न-एक दिन लौटकर आना चाहता है
इधर की उस दुनिया में
जो अभी कुछ बेहतर और सही संगीतमयी है
किन्तु, क्यों ख़ुश और ख़ुशहाल हैं सभी
इन दिनों के अख़बारों में छप रही ख़बरें
पढ़ लेने के बाद भी?
पढ़ते रहने के बाद भी?
कविता में सपना और सपने में कविता
आते हैं तो एक विचार की तरह,
एक अकेले लोकतन्त्र की तरह
दिमाग़ तलाशता है एक रास्ता कुछ भिन्न
और सिफ़ारिशें, ताक़त के इस्तेमाल की भी
अपने-अपने तमाशों की नक्काशियों में
मुश्किलें-ही-मुश्किलें हैं।

किन्तु है लड़ना ज़रूरी

मैं उनसे क्या लड़ूँ
जो नहीं जानते कि वे क्यों लड़ते हैं मुझसे?
मैं उनसे लड़ूँगा और अनन्तकाल तक
जो जानते हैं लड़ने का मक़सद
लड़ना मक़सद लॉटरी नहीं है
लड़ना मक़सद रॉबरी नहीं है
लड़ना मकसद रोटरी नहीं है
मैं लड़ूँगा उनसे जो कभी कार्पोरेट
मैं उनसे क्या लड़ूँ, क्यों लड़ूँ, कहाँ लड़ूँ
जिन्हें नहीं लड़ने की ज़रा भी तमीज़
किन्तु है लड़ना।

सन्नाटे सदियों के

फिर सज गये हैं सपने नींदों में
आँखों में पसर गये हैं सन्नाटे सदियों के
मैं फिर-फिर बुनता हूँ वीरानी-सी-वीरानी
और शान्ति मरघट-सी
किन्तु हुआ आश्चर्य फिर-फिर वही
रोज़-रोज़ हर रोज़ की तरह
आज फिर आ गया मैंदानों में सूरज
अभावों से थकता हूँ मैं
भावों से छूटता है कवि-मन
फिर-फिर देखता हूँ आगे-पीछे
तो पाता हूँ अपने जैसे लाखों-करोड़ों
पाता हूँ तो पाता हूँ हर कहीं
रौनक़ घर की ओर खनक बरतनों की
माँ की याद आते ही पिघल जाता है पहाड़
याद आते हैं पिता तो अनुशासन की पकड़
अब कहाँ वह सब?
अब कहाँ रहा वह सब?
अब कहाँ किस चिन्ता में वह सब?
जनता रही नहीं सपनों में
वह सपनों से बाहर अपने सपनों की ख़ातिर
खेलती है कबड्डी सपनों की

सब चले जाते हैं काम पर छोड़कर एक अकेली स्त्री
एक अकेली स्त्री घर में बुन रही स्वेटर
आँखों में पसर गये हैं सन्नाटे सदियों के
फिर सज़ गये है सपने नींदों में।

याद करो

प्रेम करो
तो क्या प्रेम को छू सकते हो
जैसाकि मोटरकार अथवा फावड़ा
सपना देखो
तो क्या सपने को छू सकते हो
जैसेकि आलू-प्याज अथवा आदमी?
कल्पना करो
तो क्या कल्पना को छू सकते हो
जैसेकि बर्तन-भांडे अथवा नदी-जल?
इस समूचे संसार में
बहुतेरी चीज़ें हैं जिन्हें हम छू नहीं सकते हैं
वहाँ एक बड़ा-सा बोर्ड टँगा है
जिस पर बड़े-बड़े हर्फ़ों में लिखा है
कि चीज़ों को छूना मना है
किन्तु, जब भी हम जाते हैं प्रेम में
तो प्रेम हो जाते हैं
और यह भूलते हुए कि शत्रु था वह
किन्तु, जब भी हम जाते हैं सपनों में
तो सपना हो जाते हैं
और यह भूलते हुए कि शत्रु था वह
किन्तु, जब भी हम जाते हैं कल्पना में

तो कल्पना हो जाते हैं
और यह भूलते हुए कि शत्रु था वह
संग्रहालय में रखी हैं मानवीय-चीज़ें
मानव होकर भी हम छू नहीं सकते हैं उन्हें
मानव से मानव का परहेज़ या दूरी ही
बनाती हैं सदियों की दूरी
था, है, नहीं रहा, कहते हुए शर्म आती है
उसे देखो, उसे फेरो
वह जल रहा है, हो रहा है राख़
अल्मारियाँ हो रही हैं ख़ाली
जिन्हें हम छू सकते हैं उनसे
दिन-प्रतिदिन
लिखा नहीं गया है वह सब
लिखा नहीं जा सकता है वह सब
जो एक स्त्री के भीतर लुढ़कता हुआ
प्रेम करो, वह सब, जो तुम्हारे भीतर
इधर देखा गया है कि भाड़े पर मिलता है बहुत-कुछ
बहुत से ज़्यादा बहुत-कुछ
फिर भी बहुत-कुछ छूट जाता है कुछ में से
याद आना कहते हैं उसी को
सुई-धागा, बटन क़मीज़ के टूटे हुए
याद करो।

एक दिन आता है ऐसा भी

एक दिन आता है ऐसा भी
कि दूसरों को डराते-डराते हुए
ख़ुद भी डरने लगता हूँ एक दिन
सचमुच अपनी छाया तक से
जो छाया सिर्फ़ मेरा ही आविष्कार
डरने लगता हूँ उससे एक दिन
उरते-डरते पूछता हूँ ख़ुद से
ख़ुद का ही पता और डरता हूँ
मेरे पते पर मुझसे पहले पहुँच रहे हैं
आततायियों के दस्ते-दर-दस्ते
सरल ज़ुबान, मधुर ज़ुबान में
करते हुए बातें अनसुनी-अनजानी
एक दिन आता है ऐसा भी, ऐसा ही
कि ख़ुद ख़ुद से अजनबी।

मगर मुझे चैन नहीं

सिर्फ़ सम्भावनाएँ, सिर्फ़ उम्मीदें
काम पर चले गये बच्चों के बारे में
मैं लिखना चाहता हूँ आटा-चक्की
और लिख बैठता हूँ गन्ना-चरखी
क्या फ़र्क़ हुआ दोनों में
इसी तरह मैं लिखना चाहता हूँ पुस्तक
और लिख बैठ ता हूँ लोहे का जूता
तस्दीक करो, तस्दीक करो, तस्दीक करो
सिरे से पूँछ तक सब फ़र्ज़ी हैं
ईश्वर का गुणगान करने के बदले
मिलती है सिर्फ़ एक कटोरी दाल
और वह भी जूठनभरी
जिन्होंने उगाया अनाज और कपास
वे भूखे और नंगे क्यों हैं?
बारूद भरो बन्दूकों में
और सोचो, और सोचो, और सोचो
काम पर चले गये बच्चों के बारे में
जिनकी माँ बीमार है और विकलांग
मेरी आत्मा में जो सपने हैं इस्पात जैसे
सिर्फ़ सम्भावनाएँ सिर्फ़ उम्मीदें
मगर मुझे चैन नहीं।

नाटक के अन्त में

नाटक के अन्त में नाटक था
और नाटक के अन्त में कुछ नहीं था
ख़ाली-ख़ाली कुर्सियाँ थीं, ख़ाली-ख़ाली तम्बू था
जो भी जाता था, लौटकर नहीं आता था
नायक गाता रहता था नदी, नदी, नदी
खलनायक गाता था आग, आग, आग
दो तलवारें, दो बन्दूकें, दो तोपें थीं
इस तरफ़ से उस तरफ़ तक
और उस तरफ़ से इस तरफ़ सिर्फ़ दावानल
कौन बचेगा, कौन रचेगा, पता नहीं था?
किन्तु थी आज़ादी दो भिन्न-भिन्न
किन्तु थीं आज़ादियाँ दो भिन्न-भिन्न
गया वक़्त है कि लौटता नहीं है किसी भी क़ीमत
अग्निमित्र कुछ तो ठहरो यार
नाटक के अन्त में कुछ नहीं मिलेगा
नाटक के अन्त में कुछ नहीं था
सिर्फ़ और सिर्फ़ एक नाटक था
नाटक के अन्त में।

ज़ंजीरें का हाशिया हूँ

सोना मुँह में होगा
सोने के दाँत हर किसी मुँह में होंगे
सभी दीन-हीन लोगों के लिए
बना दिये जायेंगे आलीशान मकान
हर किसी ऐरे-ग़ैरे के सिर पर छत होगी
औरत होगी कार जैसी
जिसे बदल सकेंगे आप अपनी मर्ज़ी पर
कोई आवाज़ नहीं उठेगी
किन्तु फिर भी जो भी उठायेगा आवाज़
औरत के पक्ष की रक्षार्थ
उसका हश्र वही होगा जो ऊबले आलू का
लोग हैं कि सुन रहे हैं
लोग हैं कि सुन-समझ रहे हैं
लोग हैं कि देख रहे हैं
लोग हैं कि चुप लगा बैठे हैं
लोग हैं कि चुप को तोड़ रहे हैं
यह सब-का-सब सच जानते हुए
उसने फिर-फिर दोहराया
कि सोना मुँह में होगा
सोने के दाँत हर किसी मुँह में होंगे
उस आदमी को जानता हूँ मैं

जो ठग की श्रेणी में आता है हरदम
बन्द खोपड़ी में खुली आँखों जैसा
आम आदमी एक न एक दिन
एक दिन का शासक बन सकता है
जब होते हैं चुनाव
बाद उसके वही गन्दी बस्ती, वही ढर्रा
उस आदमी को जानता हूँ मैं
जो आश्वासन देते ही भाग जाता है
समूचे सभ्य समाज के संसार से
कभी-कभी वह मेरा हाथ दबाता है
और चाहता है कि मैं उसके पक्ष में
पेशाब करूँ
साफ़-साफ़ बता दूँ
कि अभी मिट्टी नहीं हुआ है जीवन मेरा
मैं सिंहासन बग़ैर सम्राट था, सम्राट् हूँ
और सम्राट् रहूँगा
मैं किसी भी सत्ता की ज़ंजीरों का
हाशिया हूँ

मोमबत्ती अँधेरे के विरुद्ध

मैं पीता हूँ शराब
शराब पीना अपराध नहीं है
मैं झगड़ा करता हूँ सदियों के अँधेरे से
मैं झगड़ा करता हूँ शीषकों के विरुद्ध में
मैं झगड़ा करता हूँ बाज़ारी-ताकतों से
मैं पीता हूँ शराब
किसी का ख़ून नहीं पीता हूँ
वे जो पीते है ख़ून आम आदमी का
उन्हें पहचाना जाना चाहिए
मैं जलाता हूँ मोमबत्ती अँधेरे के विरुद्ध
हर्ज़ क्या कि मैं पीता हूँ शराब?

कविता कारण दुःख

इसीलिए हँसता हूँ कि कम हो दुःख
इसीलिए हँसता हूँ कि, परेशान न हो कोई
इसीलिए हँसता हूँ कि अकेला नहीं हो कोई
इसीलिए हँसता हूँ कि दुःखी हैं सब-के-सब
लोगों ने इतनी सारी चीज़ें बनायी हैं
दुःख उनमें से एक, सुख उनमें से एक
और उन सबसे सर्वोपरि हँसना
जो बेलते हैं रोटी
उन्हें भी मिलनी चाहिए वह रोटी
वह रोटी सिर्फ़ आगन्तुक के लिए ही क्यों?
वह रोटी सिर्फ़ शिरोमणि के लिए ही क्यों?
जिसके हाथ में हण्टर?
चीज़ें बनायी जाती हैं
चीज़ें बनती जाती हैं
चीज़ों का बनना-बिगड़ना चलता रहता है
अलग-अलग दिन, अलग-अलग लोग
बनाते रहते हैं अलग-अलग चीज़ें
इसीलिए हँसता हूँ कि कम हो दुःख
मैं पत्थर की तरह लुढ़कता हुआ
जा मिलना चाहता हूँ समुद्र में
समुद्र में मिलकर गल जाना चाहता हूँ

चाहता हूँ कि मेरे अस्तित्व को
लग जायें तेज़ रफ़्तार पहिये
और मैं बर्स्ट हो जाऊँ जाकर समुद्र में
हँसता हूँ मैं कुछ इसलिए भी हँसता हूँ
इसीलिए हँसता हूँ कि कम हो दुःख
किन्तु नहीं दुःख, तो कविता नहीं
कविता कारण दुःख।

जिस क्रम से सपने आये

जिस क्रम से सपने आये
उसी क्रम से आयी भूलने की प्रक्रिया भी
वह एक याद आयी याद की तरह
वह एक भूल आयी भूल की तरह
वह एक टूट आयी टूट की तरह
रात को रात में ही ध्वस्त करने के लिए
मैंने सोचा दिन
मैंने सोचा चिड़िया
मैंने सोचा दुःख
वहाँ हज़ार-हज़ार किरणें थीं सूर्य की
वहाँ हज़ार-हज़ार सपने थे पृथ्वी के
वहाँ हज़ार-हज़ार दीवारें थीं भ्रम की
जिस क्रम से सपने आये
उसी क्रम से आयी भूलने की प्रकिया भी
दीवार का साया भी चमकीला था
किसी एक लौह-दीवार की तरह ही बिल्कुल
साये ख़त्म करना ही होंगे वे,वे,वे
जो ज़रूरी चीज़ों के लिए ग़ैर-ज़रूरी और ग़ैर-सबब
जिस क्रम से सपने आये।

लोकतन्त्र बेहतर है

लोकतन्त्र बेहतर है
राजशाही सामन्तशाही से
जो प्रजा, जनता और नागरिक में
करता है फ़र्क़
मेरा देश ऐसा ही बने देश एक
कि उम्मीदों से बना हुआ, बँधा हुआ
मेरा देश
स्वतन्त्र लोगों की स्वतन्त्रता का
स्वतन्त्र देश कहलाये
घोटालों-घपलों का देश नहीं
कौन अन्ना? कौन प्रणव?
मुझे कुछ भी याद नहीं, कमज़ोर हूँ
कमज़ोर आदमी की बोली-भाषा कमज़ोर है
ठीक-ठीक उसी हवा में जिसमें हम लेते हैं साँस
तालाब में तैर रही हैं मछलियाँ सैकड़ों
बड़ी मछली खा जाती है छोटी मछली को
प्राण हर लेता है बड़ा आदमी छोटे आदमी का
तब भी, लोकतन्त्र बेहतर है।

हमारे नागरिक

ख़ूबसूरत नहीं हैं दिन
लेकिन ख़ूबसूरत हैं हमारे लोग,
और हमारे नागरिक

ख़ूबसूरत नहीं हैं सितारे
लेकिन, ख़ूबसूरत हैं हमारे लोग,
और हमारे नागरिक

ख़ूबसूरत नहीं हैं शिखर
लेकिन, ख़ूबसूरत हैं हमारे लोग
और हमारे नागरिक

हमारे नागरिकों और हमारे लोगों की
आँखें और आत्माएँ भी हैं
सबसे ख़ूबसूरत

ख़ूबसूरत नहीं हैं किताबें
लेकिन, ख़ूबसूरत हैं हमारे लोग
और हमारे नागरिक

ख़ूबसूरत नहीं हैं रायसीना हिल्स
लेकिन, ख़ूबसूरत हैं हमारे लोग
और हमारे नागरिक।

कल की कल-कल

ख़्वाहिशों की बारिशें
आज नहीं, कल,कल,कल होती हैं
पत्थर दिल भीगते रहते हैं रोज़
मगर कल की कल-कल
कल होती है।

तुरुप का पत्ता

मेरी हज़ामत
तो आप ही बनायेंगे
क्योंकि आपके पास सत्ता है
और वह जो सत्ता है
तुरुप का पत्ता है।

क़ब्ज़ा

कल के अँधेरे कल गये
कल के अँधेरों को भूल जाना बेहतर
मगर मैं
कल के अँधेरे को भूलूँ कैसे
जिनका क़ब्ज़ा आज पर?

समय

समय को नापता हूँ मैं
और फिर समय भी नापता है मुझे
कच्चे धागे-सा एक फीता है समय
समय जो दौड़ता है मेरी रंगो में
और दौड़ता है सभी में।

प्रेम अगर है नाम मृत्यु

कुर्सी से पैदल
पैदल से कुर्सी हो जाओ
मगर, सब चलता है, नहीं चलेगा अब
प्रेम अगर है नाम मृत्यु
तो मिले मुझे।

फूँक

साँईं, साधु यार चिलम के
कच्चे-पक्के शहर यार क़लम के
सच कहते भी हैं तो परदे हज़ार
एक फूँक के लिए जीता है दीया
एक फूँक में मरता है दीया
वह एक ज़रूरी फूँक तो मिले कहीं से
एक फूँक, एक दीया।

चाबुक की मार

चाबुक की मार
मुझसे क्या पूछते हो
पूछो तो पूछो उस घोड़े से
जो आदिम-युग से आज तक
दौड़ रहा है और खा रहा है चाबुक,
चाबुक की मार
मुझसे क्या पूछते हो
पूछो तो पूछो उस आदमी से
जो आदिम-युग से आज तक
दौड़ रहा है और खा रहा है चाबुक
चाबुक की मार
चाबुक जो भूख है
चाबुक जो चना है
चाबुक जो मत है
चाबुक की मार का अन्धकार
बेहद घना है।

पार करते हुए समुद्री तूफ़ान

शोर तो सुन लिया बहुत
अब ज़रा ख़ामोशी से ख़ामोशी भी सुनो
ख़ामोशी में ख़ामोशी से तैरता है तिनका
और जो तिनका तैरता है खामोशी से
वह तिनका मैं हूँ
मैं आया हूँ और आ रहा हूँ ख़ामोशी से
पार करते हुए समुद्री–तूफ़ान ।

सिर्फ़ तब ही सच्चा

मैंने झूठ पकड़ा
फिर भी मैं झूठा कहलाया
मैंने झूठ को पकड़ा
फिर भी मैं झूठा कहलाया
मैंने झूठों का सम्मान पकड़ा
फिर भी मैं झूठा कहलाया
मैं सिर्फ़ तब ही सच्चा कहलाया
जब मैं चुप रहा।

उदास रात की कविता

आज की रात उदास है
आज की रात में, मैं भी उदास हूँ
लेकिन आज की रात में
मैं लिख नहीं सकता हूँ
आज की उदास रात की सबसे उदास कविता
क्योंकि मेरी बग़ल में खिल रहे हैं गुलाब
क्योंकि मेरी बग़ल में बह रही हैं नदियाँ
क्योंकि मेरी बग़ल में पक रही हैं रोटियाँ
क्योंकि मेरी बग़ल में झर रहे हैं झरनें
क्योंकि मेरी बग़ल में लिखी जा रही हैं कविताएँ
जिनमें दुःख दूसरों का अपरम्पार
और भय भी, सोच भी अपरम्पार
आज की रात उदास है
किन्तु, कहीं-न-कहीं कोई तो होगा ही
जो लिख रहा होगा उदास रात की उदास कविता
मैं नहीं लिख सकता हूँ, नहीं लिख रहा हूँ
तो क्या हुआ?

देखते हुए सपना

पहले सपना होता है
और फिर स्मृतियों के साथ-साथ
निकलती है तलाश रास्ते की
फिर आँखें उस तरफ़ देखती हैं
जिस तरफ़ उर्वर पृथ्वी और दुनिया
और फिर मैं सोचता हूँ
संसार के सबसे सुन्दर फूल के बारे में
जो कपास का
जिससे बनता है कपड़ा
जिससे छुपाई जाती है लाज
जिसे बुनता है जुलाहा
फिर मैं जुलाहे के बारे में सोचता हूँ
जो रहता है अध-फटे कपड़ों में
अपने समस्त सुन्दर जीवन-भर
देखते हुए सपना।

अन्याय इतना कि

सूरज के सामने सपना
जब तक कि अपनी कहानी में दिन डूब नहीं जाता
दोनों हाथ उठाकर खड़े रहने का सपना
समुद्र की उफनती जलराशि-ऊपर
जब तक कि अपनी कहानी में झाग थम नहीं जाता
दोनों हाथ भरकर उलीचते रहने का सपना
अन्याय इतना कि धनी लोग हो गये हैं समुद्र
नदियों में उठती नहीं हैं लहरें
प्यासी हैं नदियाँ।

सपने इसी तरह आते हैं

कुछ मैं भूल जाऊँ
कुछ तुम भी भूल जाओ
और कुछ भूल जायें हम दोनों
फिर डिमेंशिया-डिमेंशिया खेलें
सपने इसी तरह आते हैं।

नीले बादलों के रूमाल में

तुम जो मुस्करा दो
तो झमाझम हो जाये बारिश
संसार के ऊबड़-खाबड़ रास्तों से
बहुत-बहुत दूर ले जाऊँ तुम्हें
सपनों से बाहर सच में
तुम्हारी आँखों से टपके न आँसू
और जो टपके तो
नीले बादलों के रूमाल में समेट लूँ
सदा-सदा के लिए।

स्पर्श की समझ

संगीत की सुबह में
कविता की भी स्वाभाविक सुबह होती है
सिर्फ़ स्पर्श की समझ चाहिए।

प्रेम एक सपना है

प्रेम एक पगडण्डी है
नदियों, पहाड़ों, समुद्रों को चीरते हुए
उसमें भय अथवा सन्धि नहीं
सिलसिला है आत्म-सम्मान
और समर्पण का
पाने से ज़्यादा खोने की तलब
और यह भूलते हुए
कि उस तरफ़ से क्या?
कल एक दिन जायेगा
कल एक दिन आयेगा
प्रेम सिर्फ़ दुःख पायेगा
बड़ा दृष्ट होता है प्रेम-बीज
वक़्त-बेवक़्त ही
समा जाता है मिट्टी में
कारण-अकारण ही
फिर हो जाता है अकुंरित भी
लेकिन, जब कटता है तो कराहता है
तब आख़िरी पुकार जैसा
कुछ नहीं होता है अधिकांश
प्रेम एक पगडण्डी है
प्रेम एक सपना है

सोच देखो तो भी

साँकलें खोल दो
दरवाज़ों की, दिमाग़ों की
ताज़ा हवाएँ और ताज़ा विचार
आते हैं कुछ इसी तरह
सोच देखो तो भी
सपना नहीं।

क़ातिलों की तरफ़दार

एक दिन, एक कोना
खोज रहा हूँ इस पृथ्वी पर
कि जहाँ न पहुँची हों क़ातिलों की कारस्तानी
क़ातिल जानते हैं बच निकलने का हर रास्ता
फटी जेबों में कब रहता है क़ानून
रात की बात ही होती है कुछ ऐसी
कि वह क़ाातिलों की तऱफदार।

वो रात फिर नहीं आयेगी

वो रात फिर नहीं आयेगी
और वो नींद भी फिर नहीं आयेगी
जो,वही–वही सपना ले आयेगी
अलग रात, अलग सपना, अलग नींद
एक रात, एक सपना, एक नींद
क्या कभी फिर–फिर वही–वही?
कभी नहीं।

घड़ी के बारह

मेरी घड़ी में बारह
मेरी ज़िंदगी में बारह जीवन-भर
बारह का शासन मुझ पर जीवन-भर
मेरी श्रम-साध्य नींद पर शासन जीवन-भर
मन-मुखरित शब्दों पर अकाल जीवन-भर
मैं हारता हूँ तो ख़ुश होते हैं
घड़ी के बारह।

वक़्त वही था यही कोई

वक़्त वही था
यही कोई दस, साढ़े दस का
जड़ों को भिगोती सुबह थी
अख़बारों में छपी ख़बरें
चटखारे ले-लेकर पढ़ रहे थे लोग
महिलाओं के साथ फिर हुई थी छेड़छाड़
जेल तोड़कर भाग गया था कल्लू उस्ताद
प्रियंका भूलती जा रही थी कहानी
सिरे पर अब भी कुछ लोग बाक़ी थे
जो सोच रहे थे कि क्या कुछ किया जाये ऐसा
कि बदले तस्वीर?
क़ब्र बनती जा रही थी ज़िंदगी
कुछ भी कह पाना भूलते जा रहे थे लोग
याद रहता था तो सिर्फ़
आटे-दाल का भाव
किन्तु, वह भी भ्रष्टाचार की नित नयी ऊँचाइयाँ
बढ़ता ही जा रहा था

बारिश की वज़ह थी, भीगे थे इलाक़े
समुद्र तट से दूर थीं छोटी-छोटी नौकाएँ
वक़्त वही था यही कोई।

मुझे अफ़सोस नहीं ज़रा भी

चाँदनी चौक से लेकर
कनॉट प्लेस तक फैला है वह
ग्रीष्म में, बारिश में, सर्दियों में भी
सूने मकानों से लेकर मैंदानों तक भी
अनेकानेक लोगों की हत्या हुई है
अनेकानेक लोगों की हत्या की गयी है
अनेकानेक लोगों की ज़िम्मेदारी किसकी?
भड़भुंजे की भट्टी में धधक रही आग की तरह
धधक रहा हूँ मैं भी
हत्या हुई है जिनकी
उनकी रक्त-बूँदें घुलती जा रही हैं
शराबखानों में बैठे विचारकों के
ताज़ा धुले गिलासों में
उत्तर में हुई बारिश, दक्षिण में नहीं हुई
मुझे अफ़सोस नहीं ज़रा भी।

उम्मीद

उसी वक़्त से
धुन्ध है और क्षत-विक्षत चेहरा
वृक्षहीन सपाट ज़मीन की तरह
वीरान, वीरान-सा है वाम और दक्षिण भी
जिस वक़्त से की उम्मीद मैंने।

तो फिर कहाँ रहेंगे मनुष्य?

नहीं, भविष्य में नहीं
वर्तमान में जीना चाहता हूँ मैं
नहीं चाहता हूँ क़तई नहीं चाहता हूँ
होना भविष्य का इतिहास
उस दुनिया से क्या मतलब मेरा
जिसमें मैं नहीं?
उस दुनिया से क्या मतलब मेरा
जिसमें मेरा सीधा हस्तक्षेप नहीं?
उस दुनिया से क्या मतलब मेरा
जिसमें नहीं मनुष्य?
उस दुनिया से क्या मतलब मेरा
जिसमें या तो राक्षस रहेंगे या देवता?
तो फिर कहाँ रहेंगे मनुष्य?
और कहाँ मैं?

एक असुविधा है

एक असुविधा है
मेरे होने और न होने के बीच
जो तनी रहती है सदा-सदा
मैं मुस्कराता हूँ तो भी
होता हूँ बहिष्कृत
मैं पथराया रोता हूँ तो भी
होता हूँ बहिष्कृत
फिर एक लम्बी अधीरता से
घिर जाता हूँ मैं
मैं समेटता हूँ ख़ुद को
जीवित होते हुए मृत जैसे
घेरे-ही-घेरे हैं, चारों ओर
एक लकीर है कि मिटती नहीं
एक असुविधा है।

मेरे पास वक़्त ही वक़्त

मेरे पास वक़्त ही वक़्त
और सच-सच कहूँ तो सचमुच
वक़्त के सिवाय कुछ भी नहीं है
लेकिन, मेरे पास इतना वक़्त नहीं है
कि हर किसी चीज़ से
निकाल सकूँ वक़्त
डर सकूँ हर किसी चीज़ से
या कि डरा सकूँ हर किसी चीज़ को
इतनी जगह नहीं है मेरे पास
कि हर किसी चीज़ के लिए
बना सकूँ जगह
मनुष्य हूँ और इच्छाएँ अनन्त
फिर कर ही क्या सकता हूँ मैं
कि हर हाल मिले हर चीज़ को भी
यहाँ तक कि नापसन्द चीज़ों को भी
नापसन्द चीज़ों को भी मिले जगह
ज़रूरी है ये ख़्याल और ख़्वाहिश
मेरे पास वक़्त ही वक़्त

ज़िंदा था तब भी समुद्र

मैं उसे जानता नहीं था
लेकिन, वह आदमी मुझे कुछ कह कर गया था
अब वह मुझे यादों में आता है
दरवाज़े, दीवारें ध्वस्त हैं
बँधी हैं तो बँधी हैं सिर्फ़ मुट्ठी
कपड़े पहने गये, लेकिन फाड़ दिये गये
इत्र अपनी जगह ख़ुशनुमा था
मन्त्र अपनी जगह ख़ुशनुमा था
ज़िन्दा था तब भी समुद्र।

घर के भीतर बैठी एक स्त्री

घर के भीतर बैठी एक स्त्री
घिरी बैठी है चिरन्तन-चिन्तन में
घरों के भीतर बैठी स्त्रियाँ
बैठी ही रहती हैं चिरन्तन-चिन्तन की चिन्ता में
उस चिन्ता में घर है, पति है, पिता है
उसी चिन्ता में बच्चे और प्रेमी भी
कि अकस्मात् ही फट पड़ते हैं अनार
अकस्मात् ही लोरियाँ गाने लगती है एक स्त्री
घर के भीतर बैठी एक स्त्री

सब-कुछ तितर-बितर

सद्इच्छा की सद्इच्छा यही थी
कि लहलहाते वृक्ष उस तरफ़ न झुकें, ज़रा भी नहीं
कि जिस तरफ़, खुले आसमान नीचे जल रहे हैं घर
जलते घरों की लौ से जल जायेंगे हरे भी
हरे न जलें इसका विश्वास कौन देगा?
जबकि वहाँ न ख़त्म होनेवाली चालाकियाँ हैं
जबकि वहाँ न ख़त्म होनेवाली सफ़ेदियाँ हैं
जबकि वहाँ न ख़त्म होनेवाली तरक़ीबें हैं
जहाँ हर चीज़ के लिए पर्याप्त वक़्त है
नहीं है तो आत्मा में युद्ध
हर कोई सिर्फ़ ख़ुद के बारे में ही सोचता है
बाक़ी दुनिया जाये भाड़ में या गटर-गन्दगी में
आधी रात का वक़्त है और बस स्टाप भी
बस स्टाप पर आख़िरी बस का इन्तज़ार है
इन्तज़ार में सद्इच्छा है
सच की राह लम्बी है और कठिन भी
और सब-कुछ तितर-बितर।

मैं अलबत्ता निर्जन में

मेरे पास वक़्त के सिवा
इधर की ज़िंदगी अथवा उधर की ज़िंदगी में
अतिरिक्त अथवा अन्यथा कुछ भी नहीं है
मैं जीता हूँ तो वक़्त के लिए
मैं मरता हूँ तो वक़्त के लिए
जितना मुश्किल है जीना इन दिनों
उतना ही मुश्किल है मरना इन दिनों
मैं भूल गया हूँ हँसना या मुस्कुराना
सब कुछ लगता है उधार
सिवा छोड़कर हत्या वक़्त-बेवक़्त
मेरे पास क्या है?
डेढ़ पसलियों की एक ज्ञात-अज्ञात देह है
और कुछ बेमतलब के सपने इत्यादि
मैं अलबत्ता निर्जन में।

ज़िद है कि ज़िंदगी?

ज़िद है कि ज़िंदगी
पीछे क्या छूट जायेगा, पता नहीं
शायद एक सूटकेस छूट जायेगा
शायद सूटकेस में घुसनेवाला सूट छूट जायेगा
शायद सूट में टँगनेवाला बटन छूट जायेगा
बुढ़िया छूट जायेगी, बच्चा छूट जायेगा
जो जवान हैं वे नशे में धुत्त मिलेंगे
और यहीं-कहीं मिलेंगे कुछ विदेशी एजेण्ट
जो पहनकर रंग-बिरंगे नक़ाब
झाड़ेंगे प्रवचन
ज़िद है कि ज़िंदगी
पीछे क्या छूट जायेगा, पता नहीं
पता छूट जायेगा या कि पतलून, पता नहीं
कंघा छूट जायेगा या कि केश, पता नहीं
पेन छूट जायेगा या कि दुःख पता नहीं
आनेवाले समय के बारे में
कौन जानता है?
फिर भी ज़िद है कि ज़िंदगी
जानता हूँ मैं।

उठो-उठो

उठो, उठो ज़रा जल्दी उठो
समुद्रों को हराते हुए खुले आसमानों में उठो
जैसे अपनी समस्त सुन्दरता बचाते हुए
उठते हैं बादल।

जब कोई सपना मर जाता है

क्या होता है
जब कोई सपना मर जाता है?
अकस्मात् एक दिन धसक जाती है धरती
और सिर ऊपर अकस्मात् ही
लटकने लगती हैं सैकड़ों तलवारें
सवाल उठता ही नहीं ज़िंदगी का
सड़ते जाते ज़ख़्म की तरह हो जाता है सब-कुछ
दो हाथ, लटकते मांस के लोथड़े लगने लगते हैं
जब कोई सपना मर जाता है
शायद यही होता है।

पैदल पाँव चलूँगा मैं भी

पैदल पाँव चलूँगा मैं भी
तो एक-न-एक दिन पहुँच ही जाऊँगा
मंज़िल तक, दशरथ माँझी की तरह
दशरथ माँझी ने बेची अपनी बकरी
हाथों में उठाया छेनी-हथौड़ा
और शुरू हो गए काटने को पहाड़
दशरथ माँझी ने
चीर ही दिया सीना पहाड़ का
सत्तर किलोमीटर की तयशुदा दूरी को
बदल ही दिया सात किलोमीटर में
बोरे को बनाकर क़मीज़
पहनता था दशरथ माँझी
दर-दर से माँगकर भीख रोटी की
खाता था दशरथ माँझी
पैदल पाँव चला दशरथ माँझी
खाक को बना दिया लाख का
पैदल पाँव चलूँगा मैं भी।

राजा और साँड़

राजा और साँड़
दोनों पर काबू पाना बेमतलब है
लेकिन, ज़रूरी है फिर भी और अविलम्ब
ज़रूरी बीजों के बोझ में गया मैं
मिट्टी में बीज की तरह गया मैं
बीज में सदाशयी–अंकुरण की तरफ़ गया मैं
मैं राजा नहीं, साँड़ नहीं
मैं तिनका उर्फ़ बहादुरसिंह वल्द दो टूक
इतिहास की साँसें फेंटती हैं पत्ते
शर्त लेकिन कि पिघले इतिहास और बेशऊर
जो लड़ते हैं लड़ते रहेंगे हराते रहेंगे
राजा और साँड़

अँधेरे में याद

मैं ऐसे भूल गया
जैसे घर-बाहर की बत्ती बुझाना भूल गया
दूधवाले का बिल चुकाना भूल गया
अख़बार में ख़बर छपवाना भूल गया
इसका मतलब क्या हुआ बताये कोई
उसे मैंने हर अँधेरे में याद किया।

अपने संसार में

तारे बहुत सारे
एक अकेले आकाश में सूर्य भी अनेक
पृथ्वी एक, पृथ्वी जैसे ग्रह अनेक
प्राण एक, जीवन अनेक
बालू के मिश्रण से बनते हैं घर-घरौंदे
आँगन में खेलते हैं बच्चे कंचे
आती है चिड़िया, गाती है चिड़िया
आती है कविता, जाती है कविता
चीज़ें सारी बहुत सारी
रह जाती हैं आने से अधूरी
जैसे राग-रागिनी अधूरी
और जैसे आग अधूरी
जो प्रिय, प्रिय, सबसे प्रिय मुझे
अपने संसार में।

जो लिखा, आधा लिखा

जो लिखा, आधा लिखा
प्रेम भी आधा लिखा, दुःख भी आधा लिखा
थकान लिखी आधी लिखी, कमान भी आधी
मकान लिखा, मुकाम लिखा, आधा लिखा
आधा ही सपना लिखा, आधा ही अपना लिखा
जीवन का ढेर सारा सच लिखा
जो लिखा, आधा लिखा।

जब भी होता है प्रेम

जब भी होता है प्रेम
आधा-अधूरा नहीं होता है
सम्पूर्णता में सपूर्ण ही होता है
जीवन में बहुत-सी चीज़ें होती हैं
लेकिन, जो सम्पूर्णता में सम्पूर्ण होती हैं
बस वे ही जीवन का हिस्सा होती हैं
जीवन में जीवन की चीज़ें
कहीं से टपकती नहीं हैं, होती हैं
जैसे सूर्य और चाँद में ग्रहण इत्यादि
और समुद्र में ज्वार-भाटा
जब भी होता है प्रेम।

उस पार

टूटे अँधेरा
जो लकीर के इस पार है
टूटे वह घेरा भी
जो लकीर के उस पार है
ताकि बने जीवन।

प्रधानमन्त्री पद के दावेदार हो जाते?
और जो प्रधानमन्त्री चौबीसों घण्टे रहता है अँधेरे में
उसका प्रमोशन कैसा होता?
शोक धुन सुनते ही चिल्लाया वह
न्याय करो, न्याय करो

(सुशीलकुमार शिन्दे विस्मृतकुमार शिंदे)

आदमी काम पर था

आदमी काम पर था
हर बार की तरह आदमी काम पर है
सड़कों पर गड्ढे हैं पूर्ववत्
राजनीति में मतभेद हैं पूर्ववत्
दाल में नमक कम है पूर्ववत्
आदमी काम पर था।